PLVS PENSER QVE DIRE.

ORDONNANCE

& Placcart des Archiducqz noz Princes souuerains sur le faict des Monnoyes, contenant les especes, prix & poidz des monnoyes d'or, d'argent & de cuyure, qui d'ores navant pourront seulement auoir cours es pays de leur obeyssance.

EN ANVERS,

Chez Hierosme Verdussen, l'An 1618.

Auec Grace & Priuilege.

ORDONNANCE

& Placcart des Archiducqz noz Princes souuerains sur le faict des Monnoyes, contenant les especes, prix & poidz des monnoyes d'or, d'argent & de cuyure, qui d'ores navant pourront seulement auoir cours es pays de leur obeyssance.

EN ANVERS,

Chez Hierosme Verdussen, l'An 1618.

Auec Grace & Priuilege.

Les Archiducqz.

ANoz Amez & Feaulx le Chancellier & gens de noftre Confeil de Brabant falut & dilection. Comme nous, pour obuier aux defordres, qui journellement fe commettent au faict de Monnoyes auons efcript à noz Confaulx Prouinciaux & Villes de noftre obeiffance, affin qu'ilz nous aduifent les meilleures remedes qu'on pourroit vfer à ceft effect : lefquels aduiz nous eftant enuoyez les auons faict vifiter par ceux des noz Confeilz d'Eftat, Priué & des Finances : femblablement auffy les precedens Placcarts publiez, fur le faict des monnoyes, & en faire tirer, ce que nous fembloit le plus conuenable, pour en cefte conftitution prendre vn certain pied & prix des dictes monnoyes d'or & d'argent.

POVR CE EST il, que voulans à ce pourueoir, & remedier nous auons ordonné & ftatué, ordonnons & ftatuons par noftre prefent Placcart, qu'en faict des predictes monnoyes on fe deburà reigler en toutes les lieux de noftre obeiffance, où que ce prefent Placcart fera publié, felon la forme & teneur fuyuante, fans y contreuenir, à peine de noftre indignation, & autres cy apres declairées.

Premierement que nulles efpeces de monnoye d'or, ou d'argent auront cours en noz pays, que celles cy aprez declarées & au prix & poids fpecifiées.

Laquelle expreßion de poids, tiltre & prix ne ce fait icy prefentement, pour ce que l'on fe doibt regler touchant ce fuyuant l'Eualuation de l'An 1627. renouuelée & confirmée par le dernier Placcart de la prefente année 1628.

E 2

I.

LE tout au remede de deux as sur les pieces d'or, & au cas qu'elles se trouuassent plus legeres, l'on ne sera tenu de les recepuoir sinon en adjoustant pour chacun as faillant patart & demy, faisant trois gros de nostre monnoye, & ce iusques à six as incluz tant seulement.

II.

Declarans billon celles de moindre poids, & toutes autres cydessus non specifiées.

III.

Ordonnons à tous noz officiers, qui ont charge de faire obseruer noz ordonnances sur le fait des monnoyes, de faire punir rigoureusement les transgresseurs, sans pouuoir en aucune maniere composer ou transiger auecq eulx, encores que lesdits officiers eussent prins à ferme & à leur prouffit lesdits amendes, à peine de correction arbitraire, mesmes de priuation de leurs offices, & d'estre declarez inhabiles d'en exercer semblables, audit cas de composition ou de trop grande conniuence.

IV.

Et pour tant mieulx faire obseruer nostre preséte ordonnance, & garder noz bons subjects de la perte & dommage qu'ilz souffrent par l'auarice insatiable des marchands, & autres qui rehaussent les monnoyes, nous auons authorisé & authorisons par cestes tous nosdits officiers quelz qu'il soient, pour par preuentió faire les calenges & poursuyttes des trágresseurs de nostredit placcart en tous lieux & places, tant de leur district que d'autres: Ordonnás à tous Iuges & Gens de Loy où cela aduiédra, d'à leur calenge & poursuytte administrer briefue Iustice, & faire executer leurs sentences, tout ainsi que si telle calenge ou poursuytte euste esté faitte par l'officier du lieu, non obstant

toutes

toutes appellations, & sans prejudice d'icelles, & de toutes
coustumes & priuileges au contraire.

V.

Entendans que nosdits Officiers, Magistrats de villes & Gẽs
de Loy sont à ce obligez, non seulement par l'obeyssance qu'ilz
nous doibuent, mais aussi en vertu du serment qu'ilz prestent à
leur aduenement ausdits offices & charges.

V I.

Et pour tant plus facilemẽt descouurir ceulx qui causent prin-
cipalemẽt telles Rehaulces, voulons que si ceulx qui auront cõtreuenu à ceste nostre ordonnance, declarent, & que par leur
moien l'on scache cõuaincre ceulx dont ilz auront receu or ou
argẽt defendu, ou à plus hault pris qu'il n'est permis, ilz ne soiét
en ce cas point seulemẽt deschargez des amendes esquelles ilz
estoient tombez, mais qu'ils prouffitent en outre du tiers du de-
nonciateur, pourueu que ladite denonciation se face endedens
vingt quatre heures apres la reception dudit or ou argẽt, & que
ceulx qu'ilz denonceront soient soluents pour lesdites amẽdes.

V I I.

Voulons aussi que si outre ladite denonciation & serment du
denõciateur, l'on peut prouuer par deux ou trois tesmoins, que
ledit accusé auroit encores depuis la publicatiõ de ceste nostre
ordõ ãce dõné à eulx ou à autres quelques pieces d'or ou d'argent defendues, ou à plus hault pris qu'il n'est permis, le dire
desdits tesmoins, ores que parlans d'actes diuers & singuliers,
soit tenu pour preuue souffisante, pour condamner ledit accusé
és amendes pecuniaires contenues en nostre present Placcart.

V I I I.

Permettõs aussi à tous ceulx qui voudront deferer quelqu'vn
d'y auoir cõtreuenu, de s'adresser soit au Iuge ordinarie du lieu,

E 3

soit à

soit à quelque superieur d'icelluy, par preuention.

IX.

Et si le Iuge auquel ilz se seront adressez, ne luy administre sommairement iustice, ilz se pourront aussi en ce cas pourueoir pardeuers son Superieur.

X.

Ceulx qui donneront ou recepuront quelques especes d'or ou d'argent non permises par nostre presente ordonnance, ou à plus hault pris, fourferõt lesdites pieces, ou la valeur d'icelles, & tant celuy qui les aura presenté, que celuy qui les aura receu, serõt pardessus ce pour la premiere fois condamnez au quadruple de la valeur de chacune piece, valissant vn florin ou d'auantage, & au regard de celles valissans moins de dix pattars, en l'amende de vingt pattars pour chacune piece, & pour la deuxiesme fois ilz seront pardessus semblable amende puniz arbitrairement & exemplairement, & s'ilz sont marchands tenans bouticques, & vendans en detail, ilz seront suspenduz de leur trafficq, & leurs bouticques fermez le temps de trois mois; & sont marchands ou negocians en gros, seront condamnez de s'absenter de la ville de leur residence le temps d'vn an, & tous ceulx qui seront trouuez auoir contreuenu la troisiesme fois, seront pardessus ladite amende pecuniaire, banniz l'espace de cincq ans de tous les pays de nostre obeyssance.

XI.

Si quelqu'vn fust trouué auoir apporté ou fait apporter des prouinces voisines quantité notable desdites pieces declarées billon au defendues, ou d'en auoir fait amas & les retenu en sa maison l'espace de quinze iours, sans les porter ou enuoyer en noz monnoyes, ou aux changeurs sermentez pource ordonnez, ou sans les auoir au moings taillé en pieces, nous voulõs qu'outre

&re la perte defdites pieces & du quadruple de leur valeur. Il
foit rigoureufement & exemplairement puni & chaftié pour la
premiere fois, & pour la deuxiefme, banni cincq ans de noz
pays pardeça outre ladite peine du quadruple.

<h3 style="text-align:center">XII.</h3>

Et pour defcouurir ceulx qui premiers auront amené ou apporté quelq; quantité defdites pieces, tous ceulx foubs qui l'on
aura trouué telles pieces, ferōt enquiz & examinez par ferment,
dōt icelles luy ferōt venues, & ainfi de perfōne en perfonne, iuf-
ques à ce que l'on paruiéne à celuy qui premier les aura appor-
tées, ou fait venir, lequel eftāt defcouuert, & fouffiāt pour payer
les amendes pour ce deües, ceulx qui fans cōtrainte auront fait
veritablement telles declarations, feront quittes & defchargez
des peines & amendes par eulx encourues à cefte occafion.

<h3 style="text-align:center">XIII.</h3>

Si noz Recepueurs ou ceulx des Eftatz de noz Prouinces,
Chaftellenies, Villes & Communautez, ou autres officiers aians
la maniance de noz deniers, ou defdits Eftatz, Villes ou Communautez font trouuez auoir contreuenu à noftre dit placcart,
foit en payant ou recepuant argent eulx mefmes, ou par leurs
Commis, nous voulons qu'ilz ne foient point feulement cōdā
nez és peines & amendes fufdites, mais en outre priuez de
leurfdits eftatz & offices, & les en auons des à prefent pour
lors priuez, & priuons par ces prefentes.

<h3 style="text-align:center">XIV.</h3>

Declarons auffi nulles & de nulle valeur toutes conftitutions
de rétes, obligations ou cedules procedans de fommes fournies
ou comptées en tout ou partie, en deniers ou efpeces d'or &
d'argent non permifes, ou à plus haut pris que ne porte noftre
permiffion, & que perfonne ne pourra rien demander en iuge-
mēt ou dehors en vertu d'icelles, pourueu toutesfois, que ladite
exception foit propofée endedans deux ans apres la reception

defdits

defdits deniers, & qu'elle fe puiffe deuement verifier.

XV.

Ains que celuy qui aiant ainfi receu lefdits deniers, & fera
declaration aux Iuges & Officiers, fera non feulement quitte
& defchargé de ladite obligation, mais auffi des peines & amé-
des par luy pource encourues.

XVI.

Et côme nous entendons à noftre trefgrand regret, que plu-
fieurs changes fe font d'vn lieu de noftre obeyffance à l'aultre,
pour vng mois ou deux, que l'on dit à vfo, ou double vfo, en
payât mônoye defédue, ou à plus hault pris que ne porte noftre
ordonnance, que l'on dit argent courant, pour au lieu d'icelluy
recepuoir argent permis, & au pris ftatué par noz ordonnances, par où noz fubjects font grandement intereffez, fignáment
les neceffiteux qui n'ont moien d'attendre. Nous auons prohibé
& defendu changes femblables, les declarás nuls & de nulle valeur, & que perfonne ne pourra en vertu ou à tiltre d'iceulx rié
demander en jugement ou dehors, ains que celuy aiant receu
ledit argent à pris courant, ne fera point feulement defchargé
de l'obligation de le rendre, ains auffi defdites peines & amendes, pourueu qu'il allegue ce que deffus endedens deux ans
apres la reception defdits deniers, demeurant celuy les ayant
compté fubmis & obligé aufdites peines, en fon regard.

XVII.

Voulons en outre que noftre ordônance faitte au mois d'O-
ctobre mil, fix cens, huyt, fur la côduitte der Orfeures au fait de
leurs ouurages d'or & d'argét, foit republiée auecq les modera-
tiôs & reftrictiôs aduifées en ce regard par ceulx de noz Côptes
en Brabát à l'interuétion des Maiftres generaulx de noz môno-
ies, & que le tout foit punctuelement obferué, fansy côtreuenir.

XVIII.

XVIII.

Afin que noz bons subiects puissent promptemẽt recepuoir la valeur des pieces d'or & d'argent declareesbillon, les Maistres generaulx de noz monnoyes feront mettre en chacune bonne ville de nosdits pays des changeurs sermentez pour recepuoir lesdites pieces defendues, ou autres legeres, dont le cours n'est par nous toleré, & en payer le iuste pris selon la taxatiõ qui en fera faitte par lesdits generaulx, qu'ilz deburõt expofer en leurs bouticques, à la veue d'vn chacun, & incontinent ciseler & tailler en deux lesdites pieces, & estãs ainsi ciselées, les enuoier en nosdites monnoyes, à peine de confiscatiõ d'icelles, & du quadruple de leurdite valeur.

XIX.

Defendons en conformité de noz ordonnances precedẽtes à tous noz subjects, & autres de quelque qualité ou conditiõ que ilz soient, de ronger aucuns deniers d'or ou d'argent de nostre forge ou d'autre par nous tolerez, ou de les lauer auecq eau forte, ou ciment, ou autrement diminuer leur poids, à peine de confiscation de corps & de biens.

XX.

Voulans que de mesme peine soient puniz ceulx qui feront trouuez auoir contrefait, forgé, pressé, ou jetté en sable aucune monnoye faulse de quelque coing, estoffe, ou metal que ce puisse estre, ou fait, ou fait faire sciemment aucuns instrumẽs à ce feruans.

XXI.

Et ceulx qui auront eschillé soit és pays de nostre obeissance, ou ailleurs, ou auront transporté, ou aidé sciemment à trãsporter telle monnoye faulse, seront griefuement & exemplairement puniz, selon l'exigence du cas, mesmes au corps, selon la grauité du delict.

F

Inter-

XXII.

Interdifons à toutes perfonnes d'achapter ou vendre aucunes efpeces de monnoye d'or ou d'argent permifes, à peine de confifcation defdites pieces, & que tant le vendeur, que l'achapteur feront pour la premiere fois condamnez au double de la valeur defdites pieces, & pardeffus ce fufpenduz l'efpace de fix mois de leur trafficque, ftil, ou meftier, & s'ilz y retombent la deuxiefme fois, ils feront pardeffus femblable confifcation defdites pieces condamnez au quadruple de ladite valeur, & en outre banniz des pays de noftre obeyffance, le temps & terme de trois ans.

XXIII.

Interdifons auffi à tous d'enuoier ou mener aux autres mōnoyes que les noftres directement ou indirectement, aucuns deniers d or ou d'argent de noftre coing & forge, ou d'autre par nous permis, ni aucuns defdits deniers rongez ou declarez billon, fonduz en maffe ou lingots, ou autre matiere quelconcque propre à former monnoye, à peine de fourfaire ledit or & argent, & de payer pardeffus ce deux cens doubles ducats pour chacun marcq d'or, & vingt pour chacū marcq d'argent, & de plus ou moings à l'aduenant, & d eftre fufpenduz de leur trafficq, ftil, ou meftier le temps d vn an pour la premiere fois, & pour la feconde d'eftre puniz corporelement, ou banniz des pays de noftre obeyffance le temps de trois ans, felon l'exigence du cas.

XXIV.

Et ceux qui fciemment auront aidé à pacquer ou tranfporter lefdits deniers ou matieres, feront puniz arbitrairement, foit au corps, ou par banniffement felon la qualité du fait & des perfonnes.

De-

XXV.

Defendons pareillement à tous de vendre on achapter ès
pays de noſtre obeyſſance aucunes matieres d'or ou d'argent,
ou changer aucunes eſpeces de monnoye tenuës ou declarees
billon, ſans eſtre à ce authoriſez par lettres & inſtruction deſdits Maiſtres generaulx de nos monnoyes, & ſur ce auoir fait
le ſerment requis, ny à plus hault pris que ne portent les ordonnances de noſdites monnoyes, le tout à peine de confiſca-
tion des matieres ou eſpeces ainſi achaptées ou changées, &
du double de la valeur d'icelles pour la premiere fois à prendre tant ſur l'achapteur que vendeur, & pour la ſeconde du
quadruple & d'aultre correction arbitraire, ſauf que les orfeures en pourront achapter ce qu ilz en aurõt de beſoing, pour
lealement exercer leur meſtier, ſelon & en conformité de noſtre ordonnance faicte en ce regard.

XXVI.

Interdiſons ſemblablement à tous orfeures de rompre, bri-
ſer ou fondre en quantité aucunes eſpeces de monnoye d'or
ou d'argent par nous permiſes, ſans en auoir auparauant fait
aduertence au Doien, ou autre chef dudit meſtier, enſemble
du nom de celuy dont leſdites eſpeces auront eſté receües, lequel Doien ou autre chef dudit meſtier ſera obligé de tenir
note & Regiſtre deſdites declarations, & les exhiber auſdits
Maiſtres generaulx de nos mõnoyes de demy an en demy an,
à peine de par leſdits orfeures payer la valeur deſdits deniers
par eux ainſi briſez en quantité, ſans auoir fait ledit aduertiſſement, & en outre le quadruple d icelles, & de par ledit Doien
ou chef aiant obmis d'en tenir Regiſtre, la ſomme de cent florins pour chacune obmiſſion.

F 2   Decla-

XXVII.

Declarons auſſi que perſonne ne ſera tenu d'accepter en payement aucunes eſpeces d'argent n'ayans le pois contenu en noſtre preſent placcart, au remede y declaré de chacune piece reſpectiuement, ains le pourra librement rebuter, comme monnois ne meritant d'auoir cours.

XXVIII.

Semblablement perſonne ne ſera tenu de recepuoir les pattars & demi pattars vieulx, ſinon ceulx qui ſont de belle miſe, & point pour d'auantage que quatre pour cent de la ſomme dont ſe fera payement.

XXIX.

Pour obuier aux grands abuz qui ſe commettent au regard de la monnoye de cuyure, noſtre intention eſt, que l'on n'en recoiue autre que celle forgée en noz mõnoyes, dont les figures ſeront imprimées auecq ce preſent placcart.

XXX.

Meſmes, que les liarts forgez à Boiſleducq, Maeſtricht & Ruremonde, ne ſoient tolerez ſinon en icelles villes, ou en leur diſtrict, ſans pouuoir eſtre eſchillees ailleurs.

XXXI.

Defendons abſolutement le cours de tous liarts & demi liarts forgez à Thoren, Emmerick, & ailleurs hors des pays de noſtre obeiſſance.

XXXII.

Et ſi quelqu'vn s'oubliaſt tant que d'apporter pardeça en balles, tonneaux ou autrement, notable quantité de telle monnoye de cuyure defendue, nous voulons qu'elle ſoit confiſquée & l autheur condemné au decuple de la valeur d'icelle, & banni de noz pays pour cincq ans: & s'il eſt eſtranger, qu'il ſoit fouetté de verges & banni de noſdits pays à jamais.

Et

XXXIII.

Et ceulx qui donneront ou recepueront tels deniers de cuyure defenduz , payeront chacun pour chacune telle piece de
cuyure vn florin d'amende pour la premiere fois, & pour la
fecunde, feront outre ladite amende pecuniaire corrigez arbitrairement.

XXXIV.

Defendons à tous de faire payement de telle monnoye de
cuyure en rolles ou papiers, fans les ouurir & compter, à peine
de cinquante florins pour chacune contrauention, à la charge
tant de celuy qui les aura receu, que de celuy qui les aura ainfi
deliuré.

XXXV.

Afin que noftre prefente ordonnance foit eftroittement &
punctuelement obferuee, ordonnõs à tous Magiftrats de villes
& bourgades d'enuoier fouuent aux marchez leurs Sergeãs &
autres Officiers de juftice, à fin de voir à quel pris l'or & l'argẽt
fe paye & reçoit, & de faire punir ceulx qui y excedent le
pris, qu'y auons ordonné.

XXXVI.

Authorifans lefdits Sergeans & Officiers de faifir l'or & l'argent qu'ilz verront eftre efchillé plus hault qu'il n'eft permis,
& aufli les perfonnes qui l'auront donné & receu , fi elles ne
font refidentes au mefme lieu, ou fi elles ne donnent prompte-
ment gaige ou caution fouffifante, pour les amendes en ce cas
ordonnees.

XXXVII.

Commandõs aufli à tous noz Officiers & Magiftrats de noz
bonnes villes, pays & chaftellenies, qu'en dedens vn mois apres
la publication de ceftuy noftre placcart , ils & chacun d'eulx
apart aduertifent les Confeils prouinciaulx & fieges Roy-
aulx, efquels ilz ont leur Reffort , fi noftredit placcart eft ob-

         ferué,

ſerué,& les debuoirs qu'ils auront fait en ce regard, & conti-
nuent de faire le meſme aduertiſſement de trois mois en trois
mois.

XXXVIII.

Et ſi en ce que cy deſſus eſt dit, ils eſtoient defaillans, ou
que les deſordres au fait des monnoyes vinſent à ce poinct,
(comme l'on à encores veu cy deuant) que publicquemēt aux
boucheries ou marchez l'on excedaſt ledit pris par nous ſtatué,
en ce cas nous enuoyerons des Commiſſaires aux deſpens des
villes & bourgades, eſquels nous entendrons que leſdits exces
ſe commettront, ou de ceux eſtans en loy en leurs propres &
priuez noms, & auſſi de nos officiers eſdites places, ſelon que
nous trouuerons l'affaire diſpoſée.

XXXIX.

Ordonnons ſemblablement aux fiſcaulx de tous nos Conſeils, que de trois mois en trois mois, ils nous eſcriuēt ce qu'ils
auront trouué par leſdites aduertences, ou d'ailleurs auront
entendu touchant l'obſeruation de ceſte noſtre ordonnance,
adreſſant leurs lettres és mains de noſtre Audiencier & premier Secretaire qui en donnera ſon Recipiſſe, & que ſans aucune conniuence ou diſſimulation ils procedent contre les
tranſgreſſeurs, & les facent condamner és peines & amendes
ſur ce ordonnees, à peine que s'ils ſont trouuez auoir vſé de
conniuence ou diſſimulation, ils ſeront priuez de leurs offices.

X L.

Voulons auſſi que nos Conſeils, Magiſtrats, & tous autres
Iuges rendent leurs ſentences en conformité du preſent placcart, ſans moderer les peines & amendes y contenues, ſoubs
quelque pretexte que ce ſoit, & ſans auoir eſguard à ce que
l'on voudroit dire, qu en aucuns lieux l'on y contreuiendroit
publiquement.

Enten-

XLI.

Entendans qu'à l'adjudication des peines & amendes cy deuant declarees soit procedè sommairement & de plain , sans forme, ni figure de proces , que soyent admis en tesmoignage ceux qui auront receu aucunes desdites pieces defendues, que toutes sentences ou appointement sur ce rendus soyent executés, nonobstant opposition ou appellation quelconque, & sans prejudice d'icelles, & si auant que les delinquans, n'ayent moyens souffisans pour satisfaire aux amendes pecuniaires ,esquelles ils seront condemnes, qu'icelles soyent conuerties en punition corporele , selon l'exigence du cas.

XLII.

Declarans que de toutes lesdites confiscations & amendes vn tiers sera applicqué ànoftre prouffit, l'autre à l'officier qui fera la calenge ou execution , & les tiers restant au prouffit du denunciateur.

XLIII.

Lequel officier pourra aussi recepuoir les tiers du denunciateur, pour par ses mains luy en faire le payement si auant qu'il ne desire d'estre cogneu.

XLIV.

Et pour tant plus encourager nosdits Fiscaulx & Officiers, & lesdits denunciateurs , à procurer l'obseruation de nosdits commandemens : Nous auons declarè & declarons, que jaçoit que les delinquans obtiendroiēt grace de nous, ou de nos Conseils , ils ne seront neantmoins par là descharges des deux tiers desdites amendes par eux encourues , & par nous laissees ausdits fiscaulx, officiers & denunciateurs respectiuement.

Si voulons & commandons que noſtre preſente ordõnance
ſoit imprimée tãt en Francois qu en Thiois, auec les figures de
toutes leſdites pieces d'or & d'argent, & auſſi celles de cuyure
comme dit eſt cy deſſus, & qu'incontinent & ſans delay la faciez publier par toutes les villes & lieux de noſtre pays & Con-
té d'Arthois, où l'on eſt accouſtumé de faire criz & publica-
tions, & renouueller icelle publication de trois mois en trois
mois, ſans attendre nouuelle iuſſion. Et à l entretenement &
obſeruation d'icelle noſtre ordonnance, procedez & faciez
proceder contre les tranſgreſſeurs & deſobeiſſans par l'execution des peines & amendes cy deſſus contenues, ſans
port, faueur, & diſſimulation. De ce faire, & qui en depend:
vous donnons plain pouuoir, authorité & mandement eſpe-
cial, mandons & commandons à tous qu'à vous ce faiſant ils
obeyſſent & entendent diligemment. Car ainſi nous plait il:
Donné en noſtre ville de Bruxelles, ſoubs noſtre contreſeel
cy mis en placcart, le vingt-vngieſme jour de May, l'an de grace, Mil ſix cens dixhuit, Ma.ᵛᵗ.

Par les Archiducqz
en leur Conſeil.

Verreycken.

Et eſt ladite ordonnance ſeellée du contreſeel de leurs Alte-
zes en forme de placcart.

*Semblables Placcars ont eſtè deſpechez en langue Frã-
coiſe pour Luxembourg, Haynnau, Namur, Lille, Do-
uay, & Orchies, Tournay & Tourneſiz, Valenciennes
& Cambray. Et en langue Thioiſe pour Brabant, Lem-
bourg, Geldres, Flandres & Malines.*